colecção Temas de Psicanálise • 6

CLAIRE PAJACZKOWSKA

Perversão

TRADUÇÃO DE
MIGUEL SERRAS PEREIRA

ALMEDINA

Perversão

AUTOR
Claire Pajaczkowska

TÍTULO ORIGINAL
Perversion

TRADUÇÃO
Miguel Serras Pereira

COORDENAÇÃO DA COLECÇÃO
Ivan Ward

EDIÇÃO
Almedina
www.almedina.net
editora@almedina.net

DESIGN
FBA.
www.fba.pt

IMPRESSÃO E ACABAMENTO
G.C. – Gráfica de Coimbra, Lda.
producao@graficadecoimbra.pt

ISBN 978-972-40-3995-4
DEPÓSITO LEGAL: 309389/10
Abril de 2010

©2000, Claire Pajaczkowska
Publicado em Inglaterra por Icon Books, Lda.,
Grange Road, Duxford, Cambridge CB2 4QF.

Toda a reprodução desta obra, por fotocópia ou outro qualquer processo, sem prévia autorização escrita do Editor, é ilícita e passível de procedimento judicial contra o infractor.

Biblioteca Nacional de Portugal – Catalogação na Publicação

PAJACZKOWSKA, Claire

Perversão . – (Temas de psicanálise)
ISBN 978-972-40-3995-4

CDU 159.9

Perversão

As conotações do termo são desagradáveis e sugerem concepções da moral, e por isso de livre arbítrio, que parecem antiquadas nos nossos dias de ciência e determinismo[1].

É assim que começa a introdução ao livro *Perversion: the Erotic Form of Hatred*, que se conta entre as mais lúcidas e humanas investigações do conceito de perversão. E assim, se a palavra tem conotações tão incómodas e antiquadas, porque continuamos a usá-la? A perversão será um acto sexual? A perversão será um acto agressivo? Os actos sexuais invocarão uma resposta moral? Serão desagradáveis todos os actos agressivos? O que é que determinará a fusão característica de sexualidade e agressividade que caracteriza a perversão?

O conceito psicanalítico de perversão refere-se a um acto sexual, embora não se trate necessariamente de um acto genital. Ainda que sejam utilizados os órgãos genitais, como no exibicionismo por exemplo, o órgão genital não comparece na sua função de órgão sexual adulto. Para compreendermos a natureza paradoxal do sexo na perversão teremos de explorar o desenvolvimento da sexualidade humana, e o modo como a infância e a idade adulta se relacionam nos termos deste desenvolvimento. Há também actos perversos, como os assaltos ou a adição, em que não há qualquer experiência consciente de prazer erótico, e no entanto esses actos são compreendidos como possuindo uma significação sexual para o sujeito. Como pode um mesmo conceito descrever os prazeres eróticos intensos e compulsivos da sexualidade, e ser usado também para descrever actos de criminalidade, violência e homicídio? E como pode um mesmo conceito dar conta dos prazeres da sexualidade comum (se é que alguma vez a sexualidade pode ser sentida excepto como uma experiência extraordinária) e alguns dos actos mais extremos, estranhos e insólitos de destruição, de degradação e de tortura? Como se relaciona a perversão com os conceitos de neurose e de psicose, e também com as experiências da vida de todos os dias?

Há bastante controvérsia em torno da definição da perversão. Alguns dizem que estamos perante formas que são variantes da sexualidade humana; outros pensam que se trata de uma forma "aberrante" (ver Termos Fundamentais na página). É somente na psicanálise que o conceito tem um sentido diagnóstico e descritivo: a perversão não é nem uma variante nem uma aberração, mas tem causas subjacentes específicas e características recorrentes.

Os historiadores contemporâneos da sexualidade interpretaram o conceito em termos que remetem para as suas origens no discurso médico do século XIX. Por exemplo, no primeiro volume da sua *História da Sexualidade*, o historiador estruturalista francês Michel Foucault identifica um certo número de categorias da sexualidade criadas no interior da medicina de meados do século XIX à medida que esta se demarcava da biologia. Estas categorias, ou "objectos" discursivos, são produtos de uma preocupação com quatro espécies de sexualidade que Foucault descreve como: a "histerização dos corpos das mulheres", a "pedagogização da sexualidade das crianças", a "socialização do comportamento procriador", e a "psiquiatrização dos prazeres perversos". Foucault escreve:

> *Emergem quatro figuras desta preocupação com o sexo, que se foi afirmando ao longo do século XIX – quatro objectos de saber privilegiados, que eram também metas e pontos de fixação para os empreendimentos do saber: a mulher histérica, a criança masturbatória, o casal malthusiano e o adulto perverso*[2].

Seguindo as transformações que tiveram lugar à medida que a ciência médica assumia a responsabilidade da produção de um saber sobre a sexualidade humana, Foucault sugeriu justificadamente que os conceitos no interior de um discurso devem ser entendidos como uma função de poder, ligados em última análise ao direito e ao Estado. Como se compreende bem, este trabalho teve grande influência entre os historiadores sociais contemporâneos. Foi utilizado como base de numerosos trabalhos de investigação arquivística e política documentando a criminalização da homossexualidade ou a definição caricatural das mulheres como "histéricas".

Podemos pensar na guerra contra a masturbação empreendida nas *public schools* britânicas e na sua relação com a produção social de um tipo de "homem" particular, capaz de administrar o aparelho político britânico. Ao questionar o estatuto da psiquiatria como pseudo-ciência, a história da sexualidade comporta implicitamente uma crítica social determinista da psicanálise.

Mais recentemente foi utilizada para fundamentar a teoria *queer*, que exalta e privilegia perspectivas diferentes das prescritas pelo ponto de vista que as ideologias definem como normal. Segundo a teoria *queer*, a palavra "perversão" não é mais do que um anacronismo desagradável e moralista que deve ser analisada nos termos da sua história, ou que deve ser assumida e utilizada ironicamente como emblema do estigma imposto pela reprovação social. Assim o termo depreciativo "perverso" torna-se uma insígnia de orgulho mais do que um estigma, e a homossexualidade passa a ser simplesmente uma variante de uma série de sexualidades polimorfas, que só diferem da heterossexualidade em termos de reconhecimento, definição e aceitação sociais.

A teoria *queer* também se refere ao papel de bodes expiatórios desempenhado pelas "sexualidades aberrantes", permitindo às "boas pessoas normais" sentirem-se diferentes dos (e superiores aos) "perversos" maldosos. Os bodes expiatórios são alvos dos medos projectados e denegados do lado sombrio da "normalidade", e levados a sentirem-se envergonhados, sujos e culpados. Mas a celebração do *queer* torna-se (política e pessoalmente) inadequada quando é usada para denegar as dificuldades reais de uma subjectividade perversa – por exemplo, a ideia de que a "solução" que a perversão cria frente à ansiedade ligada à sexualidade é o melhor dos mundos possíveis, e superior à moderação "baunilha" da sexualidade "normal"*.

O determinismo social sugere que a repressão é um produto da censura exercida por instituições jurídico-discursivas, ou por uma sociedade, que não relevam da

---

* Em certos vocabulários *gay*, *queer*, etc., a "sexualidade baunilha" designa um conjunto de comportamentos – heterossexuais ou não – tidos por aceitarem o conformismo, baixa intensidade ou limites estreitos de uma sexualidade atenuada (N. d. T.).

psicologia. Quando a teoria *queer* celebra e assume os traços desagradáveis e deformados que a moral limitada lhe imputa, fá-lo sugerindo que a acusação deve ser devolvida aos que a acusam. A prática liberal associada à política *gay* procura substituir ao conceito de perversão o conceito menos desagradável de "neo-sexualidades". Serão o objectivo e as estratégias *queer* e liberais justificadas? Que diferença há entre as aberrações, a perversão e as variantes da sexualidade?

Os debates sobre o papel que o Estado desempenha, ou deve desempenhar, na prescrição, controle e ordenamento das sexualidades continua a intensificar-se. Os debates sobre a descriminalização da homossexualidade encontram-se bem documentados. O fascínio dos meios de comunicação por casos de estrelas pop, membros das igrejas e trabalhadores sociais pedófilos, pelas práticas sexuais com animais, a necrofilia, a transexualidade e o sadomasoquismo integram-se numa antiga, senão nobre, tradição de fascínio do público pelo grotesco.

Uma teoria social determinista da sexualidade não pode pretender explicar o comportamento, acções e experiência emocional de muitos "adultos perversos". O que passava na casa do *serial killer* Fred West na Cromwell Road de Gloucester – em que as adaptações e arranjos domésticos feitos por conta própria tinham por propósito práticas de voyeurismo, incesto, tortura sádica, lesbianismo, violação e homicídio – só pode ser compreendido por meio do recurso ao conceito psicanalítico do papel desempenhado pela fantasia sexual inconsciente e pelas exigências de "reparação".

A um nível menos desagradável situa-se o debate no campo da crítica de arte sobre a censura a propósito do retrato da infanticida Myra Hindley composto por impressões digitais de crianças, exibido na Royal Academy of Art numa exposição da nova arte britânica intitulada *Sensations*. Seria uma utilização gratuita da reacção visceral do público à ideia de abuso sobre as crianças, da qual o artista abusava, por seu turno? Que relação existe entre a criatividade e as perversões? Haverá uma relação entre o sublime e o perverso?

Um exemplo posterior, que examinaremos de mais perto neste livro, é a utilização da psicanálise no campo da teoria cinematográfica em vista de compreender o prazer e motivos de fascínio associados ao "ir ver um filme", e como a estrutura do fetichismo é uma componente indispensável quando se segue a narrativa de um filme corrente. Aqui os prazeres perversos do cinema situam-se muito longe da análise e tratamento do homicídio e tortura sádicos, mas fazem apesar disso parte de uma estrutura psicológica com aspectos comuns.

Na abordagem psicanalítica de todos estes exemplos, é utilizado o conceito de perversão, sendo que as suas conotações desagradáveis se ligam mais às acções do que à palavra em si. Esta última justifica alguma atenção, uma vez que o seu sentido difere consideravelmente conforme a usemos como substantivo ou sob as suas formas adjectivas, adverbiais ou verbais.

Como substantivo, transforma uma prática ou pessoa em objecto de conhecimento, enquanto o conhecimento por parte do próprio sujeito é condição da sua liberdade. Assim a designação de um indivíduo como "perverso" é uma reprodução da reificação e da desumanização que caracterizam a própria perversão. Stoller, por exemplo, acha-se incapaz de utilizar o termo devido à violência e à carga de acusação que ele conota. A libertação das condições da perversão só pode resultar da tomada de consciência subjectiva.

A denominação diz-nos tanto acerca do sujeito da ciência como do seu objecto de estudo, e a psicanálise alimenta a sua relação paradoxal com a tradição da ciência médica ao redefinir a relação entre objecto e sujeito. A psicanálise, ao contrário de outras ciências médicas, sugere que não pode existir conhecimento do outro que não comece por ser conhecimento de si-próprio, e que à falta deste as técnicas de interpretação seriam jogos intelectuais sem sentido.

O verbo "perverter" coloquialmente associa-se sobretudo a alguma coisa que tem a ver com o "curso da justiça" e constitui um delito passível de punição, mas de um modo geral, no discurso terapêutico, é substituído pelo conceito de abuso – e fala-se assim de "abuso de drogas", "abuso de crianças", "abuso sexual de crianças", e assim por diante. O verbo [*to pervert*] veicula um sentido de metáfora hidráulica e energética, a par de outros como *divert* (desviar), *revert* (reverter), *avert* (afastar) e *invert* (inverter). (As metáforas que Freud formula da libido, ou energia psíquica, assumem numerosas formas ao longo da sua obra, e tendem a mobilizar os modelos mecânicos das técnicas e da engenharia que foram espectaculares modelos de progresso no último quartel do século XIX.)

Como verbo, o termo requer que se esclareça a que espécie de actividade se refere e de onde vêm a energia e a motivação dessa actividade. Como um instinto ou uma pulsão, um verbo requer um sujeito, um alvo e um objecto determinados, e é menos reificador do que o substantivo.

O adjectivo "perverso" veicula uma carga de acusação moralista menor do que o substantivo porque não transmite o peso de substantivar um atributo do outro, não separa o sujeito do objecto, mas qualifica o objecto, e quando o termo é usado adjectivamente pode referir-se tanto a uma forma de pensamento, como à estrutura de uma crença, a uma resposta emocional perante a vida, a um acto sexual, a um acto de violência ou assassínio. Embora o adjectivo possa ser usado para descrever vários prazeres e sensações sexuais gratificantes a que a maior parte das pessoas dão algum lugar na sua sexualidade, há uma importante diferença entre este uso e a definição da perversão como uma estrutura do sujeito, transformada em parte integrante e permanente do si-próprio.

A psicanálise mostra o porquê desta diferença e a possibilidade da sua transformação positiva. E faz parte dos propósitos da psicanálise tornar esta diferença clara e significativa. Por exemplo, o psicanalista americano Heinz Kohut refere-se a esta estrutura integrante e permanente do sujeito como "carência estrutural", em ligação com outros aspectos do desenvolvimento defensivo do eu. Este ponto é analisado na rubrica "As Definições Pós-Freudianas da Perversão" (pp. –).

A Primeira Teoria da Perversão de Freud

Dirigindo-se ao seu auditório da Clark University em Worcester, Massachusetts, durante a sua primeira visita ao que ele chamava "o Novo Mundo", o psicanalista Sigmund Freud apresentou a história da psicanálise, começando pelas investigações da histeria na década de 1890 e reconstituindo os seus desenvolvimentos até à data em que teve lugar a sua exposição, 1909. As *Cinco Conferências sobre a Psicanálise*[3] proporcionavam uma descrição concisa da impressionante revolução intelectual que se desenrolara nas décadas anteriores, e apresentava um sumário dos avanços levados a cabo.

Freud descrevia as suas primeiras tentativas de descobrir o sentido psicológico do sofrimento corporal na histeria, os efeitos do trauma psicológico e a significação dos sonhos. Concluía que:

> *Só os inextinguíveis desejos reprimidos da infância podiam fornecer a força que construía os sintomas e sem eles a reacção aos traumas mais tardios teria seguido um caminho diferente*[4].

A partir do estudo da histeria e dos sonhos, Freud foi assim capaz de intuir a existência do que viria a ser o conceito mais controverso e difícil da sexualidade infantil. Os seus *Três Ensaios sobre a Teoria da Sexualidade*[5] transformaram decisivamente a psicanálise de modo de tratamento da histeria e de nova forma de interpretação dos sonhos na mais importante revolução científica do século XX.

Ao apresentar a sua obra ao público americano, Freud reconhecia as dificuldades de compreensão causadas pela sua hipótese, dizendo:

> *E agora tenho pelo menos a forte convicção de vos ter surpreendido. Existirá qualquer coisa como uma sexualidade infantil? – perguntar-me-ão. Não é a infância, pelo contrário, um período da vida que caracterizado pela ausência das pulsões sexuais? Não, meus senhores, certamente o que se passa não é que a pulsão sexual penetre a criança na época da puberdade do mesmo modo que, nos Evangelhos, o demónio penetrou na vara de porcos. Uma criança tem pulsões e actividades sexuais desde o início; vem ao mundo com elas; e depois de um importante percurso de desenvolvimento que atravessa várias fases, aquelas conduzem àquilo que conhecemos como sendo a sexualidade normal do adulto*[6].

Freud descreve a ontogénese da sexualidade humana como difásica – quer dizer, caracterizada por um desenvolvimento em duas vagas: uma primeira fase infantil, seguida por um período de recessão e de inactividade sexual a que chamou latência, que se prolonga até às transformações corporais e hormonais da adolescência. Quando a criança entra no período de latência que precede a adolescência, torna-se mais fácil levá-la a pensar a partir da realidade e já não sobretudo a partir da sua própria experiência do corpo e das fantasias sexuais. As experiências infantis que constituem a primeira das duas fases do desenvolvimento difásico são reprimidas e formam a base da mente inconsciente adulto, da fantasia e da sublimação das pulsões em práticas culturais e sociais.

Ao definir as pulsões como tendências psicológicas, que se exprimem sob a forma de uma energia a que chamou "libido", Freud compreendeu que o desenvolvimento sexual dos seres humanos não se limita à actividade genital ao serviço da reprodução da espécie, mas é uma actividade pulsional que investe toda uma série de órgãos do corpo e de zonas erógenas. As principais de entre estas zonas organizam-se em torno das actividades oral, anal e uretral do corpo da criança pequena. Estas nomeiam as diferentes fases do desenvolvimento libidinal, que se referem ao mesmo tempo a sensações ao nível do corpo e ao desenvolvimento do eu ou ao desenvolvimento cognitivo.

Embora sejam descritos em termos sucessivos, estes estádios podem sobrepor-se, concorrer na acção, sendo interrompidos e vindo a completar-se mais tarde. Para simplificar a exposição, serão aqui apresentadas como sucessivas, como se cada uma das fases terminasse antes de a seguinte ter início.

A fase oral é descrita como o primeiro estádio porque se baseia na sucção neo-natal instintiva que é já observável no feto e, mais tarde, no recém-nascido. Uma vez que se trata de um actividade instintiva que funciona ao mesmo tempo como fonte de prazer e garantia de sobrevivência, podemos considerá-la libidinal ou sexual. A actividade libidinal precoce, portanto, organiza-se em torno dos órgãos orais, e as zonas erógenas correspondentes são as da boca, lábios, língua e garganta, ligadas à experiência dos prazeres sensuais da sucção, alimentação, fonação, ingestão e, mais tarde, às acções de morder e cuspir.

A fase oral do desenvolvimento é acompanhada pela formação dos conceitos de tomar, incorporar, ser incorporado, e é durante este estádio que o eu forma as suas primeiras representações da demarcação entre o eu e o não-eu.

A experiência repetida do investimento (ou "*cathexis*") gratificante da libido nas zonas erógenas deixa traços de memória neuronal que dão forma à representação mental de um objecto. Este objecto mental é uma representação do si-próprio e é também uma representação da relação com alguma coisa que era não-eu. Trata-se de uma componente do que mais tarde se tornará a representação de um objecto externo, ou de outra pessoa. A formação de representações ou objectos intra-psíquicos é a base da capacidade de se experimentar o mundo exterior como real.

Na fase oral o mundo exterior consiste fundamentalmente na relação do bebé com a mãe, ou com aquilo a que por vezes se tem chamado o "objecto de satisfação das necessidades" (*need-satisfying object*). Nesta idade a dependência da mãe por parte do bebé é absoluta e por isso o investimento libidinal de um auto-erotismo gratificante está associado às exigências muito intensas da sobrevivência. As experiências da excitação do prazer são inseparáveis das experiências de uma dependência de vida ou de morte. Uma das defesas do bebé contra esta realidade é em parte a confiança na dedicação da mãe da qual depende e que assegura um meio propício e em parte o mecanismo psicológico da clivagem.

Quando o eu, ou o mundo das representações, usa activamente a defesa da clivagem, as representações de prazer separam-se em termos mentais dos medos de aniquilação ou extinção. Daí em diante, à medida que o mundo das representações se torna mais elaborado e mais capaz de diferenciar entre diferentes tipos de percepção, a capacidade do seu de clivar as percepções quer de impulsos internos, quer da realidade exterior torna-se mais complexa, e esta defesa pode ser encontrada sob múltiplas formas em todos os estádios, incluindo a fase fálica, tornando-se aí uma componente da estrutura perversa ou fetichismo.

O Desmame com Dinossauros

A teoria das pulsões de Freud mudou ao longo da sua vida, o que fez com que a sua compreensão da sexualidade mudasse também. Discutiremos adiante (pp. –) alguns aspectos da reformulação da sua teoria das pulsões, mas entendemos apresentar já uma breve perspectiva da sua concepção das componentes dos instintos e pulsões na altura em que formulou a sua teoria da perversão nos *Três Ensaios sobre a Teoria da Sexualidade*.

Uma pulsão tem quatro componentes: uma fonte, uma força, um alvo e um objecto.

A fonte é somática, um órgão ou grupo de órgãos de onde a pulsão emerge. Na fase oral a fonte é um compósito das experiências de fome, do instinto de sucção e das zonas erógenas da boca. A força é experimentada como a intensidade da busca de satisfação que a pulsão exerce sobre o estado de estabilidade homeostática da psique, ou do eu.

A representação mental da força da pulsão é representada na fantasia pela escala quantitativa de um apetite, necessidade, carência ou sede. A força ser intensa, avassaladora ou transitória. A emergência de uma força pulsional na psique é geralmente experimentada como uma espécie de intrusão violenta de desprazer na paz gratificante do repouso, e este violência é muitas vezes imaginada como emanando do "exterior". As defesas mais precoces contra as perturbações causadoras de desprazer da homeostase ou unidade narcísica incluem os mecanismos de projecção, e este tipo de defesa reforça a tendência do eu no sentido de perceber as exigências pulsionais como emanando do mundo exterior.

Esta tendência é também reforçada pelo alvo da pulsão, que pode ser passivo ou activo. O alvo é fundamentalmente restaurar o equilíbrio homeostático na psique, e informa as actividades do eu ao escolher o objecto e a acção que mais completa ou imediatamente conseguirão esse fim.

O alvo põe a pulsão em relação com o seu objecto. O objecto pode ser uma coisa, uma experiência, uma fantasia, uma pessoa ou parte de uma pessoa, uma acção. No caso da pulsão oral será a alimentação do bebé pelo seio, a sensação do mamilo na boca, a capacidade do bebé de introduzir o polegar na boca, a vocalização da necessidade, a lalação, a exploração de um brinquedo ou de um novo objecto levado à boca; poderá ser também o desejo de morder suscitado pela frustração ou de beijar suscitado pelo afecto. O alvo activo buscado no objecto "um beijo" é o desejo de dar um beijo; o alvo passivo é o desejo de ser beijado.

A interacção dos alvos activos e passivos mantém-se ao longo do desenvolvimento pulsional e assume sentidos diferentes em diferentes momentos. O poeta britânico W. H. Auden cita o poeta alemão Bertolt Brecht: "A divisa do Inferno: Comer ou ser comido. A divisa do Céu: Comer e ser comido"[7].

Retomaremos adiante a análise dos instintos e pulsões naquilo a que Freud chama o aspecto "económico" da sexualidade, que se torna fundamental quando queremos compreender a perversão (pp. –).

A possibilidade de as pulsões serem reprimidas pelo eu e transformadas num dinamismo inconsciente é de particular importância no curso do desenvolvimento. Como Freud disse:

Já antes da puberdade foi levada a cabo uma repressão extremamente enérgica de certas pulsões sob a influência da educação, e instauraram-se certas forças psíquicas como a vergonha, a repugnância e o sentimento moral, que, como outros tantos vigilantes, mantêm os recalcamentos em causa. Assim, quando na puberdade a vaga das reivindicações sexuais atinge o seu nível mais alto, encontra pela frente como outros tantos diques as estruturas mentais daquelas reacções e resistências, que encaminham o seu fluxo para os canais ditos da normalidade e tornam impossível a reactivação das pulsões que foram objecto de repressão. São em particular os impulsos coprofílicos da criança – quer dizer os desejos associados à excreção – que se vêem submetidos a uma repressão mais rigorosa, e o mesmo é verdade também da fixação nas figuras a que a escolha de objecto original da criança esteve ligada[8].

O que significa que, no desenvolvimento normal, temos de abandonar certas experiências de gratificação, bem como os objectos a elas associados.

A fase anal segue-se, portanto, à fase oral. Mas enquanto esta permanece enterrada, como os alicerces subjacentes à construção do eu adulto, as experiências e fantasias do estádio anal são mais activamente reprimidas – sendo, por assim dizer, soterradas sob os alicerces.

Como é bem sabido, Freud via as provas da existência de uma fase anal e da sua repressão nas formações reaccionais do asseio, da ordem, do rigor e do controle. No mundo adulto, os fenómenos anais são marcados por um embaraço intenso, um humor agressivo e uma atmosfera de segredo, que indiciam a continuidade da sua influência sobre o nossos comportamento.

Embora as crianças mais jovens se divirtam interminavelmente contando umas às outras histórias de caca, rabos, chichis, pilinhas e vaginas, tudo isto encarnado em personagens narrativos de teatro e acção, a maior parte dos pais acham essas histórias exasperantes, maçadoras e até embaraçosas (uma reacção que muitas vezes intensifica o gozo das crianças). Para os adultos, a camada protectora da amnésia infantil significa que os pais em vez de regressarem à sua própria infância e se associarem ao jogo, consideram o comportamento das crianças bizarro e irritante.

Embora cada fase do desenvolvimento tenha o seu aspecto agressivo, quando as pulsões libidinais se combinam com as pulsões destrutivas e se tornam sádicas, Freud observou que a agressão e o sadismo eram particularmente fortes na fase anal, o que talvez explique a intensidade da repressão activa que visa controlar o seu legado. O apego positivo à coprofilia está associado aos prazeres do tacto, relativos às texturas e aos cheiros; e pensa-se que a sublimação das pulsões anais desempenha um papel importante em boa parte da criatividade artística.

A capacidade que a criança adquire de controlar os esfíncteres e os intestinos suscita sentimentos de poder ligados ao dar e ao reter, e dá origem á formação de um outro conjunto de representações mentais através das quais se constrói a delimitação do si-próprio e do não-eu. A teoria da cultura fizeram notar também que as fantasias recalcadas ligadas à fase anal se manifestam claramente nas ideologias do anti-semitismo e do racismo por meio das quais um grupo preserva uma idealização de si próprio como "limpo" projectando no "outro" os atributos desprezados e temidos do contágio, da sujidade e do escuro. As formas de controle do mecanismo que separa a idealização da depreciação implicam em geral medidas de segurança de ordem física, como a imobilização ou a ghettização, o internamento prisional e técnicas sádicas de "limpeza". Assim os campos de extermínio do Holocausto que teve lugar durante a Segunda Guerra Mundial foram designados como o *anus mundi*.

Outras espécies de estreiteza de espírito e de crueldade podem ser igualmente associadas às ansiedades e medos que têm origem na fase anal.

O Excrementício e o Sublime

O psicanalista britânico Ernst Jones escreveu:

A criação artística serve a expressão de múltiplas emoções e ideias, amor do poder, simpatia perante o sofrimento, desejo de beleza ideal, e assim por diante, mas – a menos que alarguemos o temo de modo a incluir a admiração por qualquer forma de perfeição que seja – é da última, a beleza, que a estética principalmente se ocupa; nessa medida o sentimento estético pode ser decerto definido como aquele que a contemplação da beleza evoca. Ora a análise desta aspiração revela que a principal fonte dos seus estímulos não é tanto um impulso primário como uma reacção, uma revolta contra os aspectos mais grosseiros e repugnantes da existência material, que se liga psicogeneticamente à reacção da criança pequena contra a sua atracção original pelo excrementício. Quando consideramos a grande medida em que estas tendências coprofílicas contribuem, sob as suas formas sublimadas, para cada variedade de actividade artística – para a pintura, a escultura e a arquitectura por um lado, e para a música e para a poesia por outro – torna-se evidente que no esforço do artista pela beleza o papel fundamental desempenhado pelos primitivos interesses infantis não pode ser ignorado[9].

Hoje, as professoras dos jardins de infância estão bem conscientes da necessidade por parte das crianças de brincarem com areia, água, argila, plasticina, de fazerem moldes e do seu prazer evidente em se sujarem. Lembro-me de quando era criança ter saído de casa à procura de barro no jardim e de moldar uma cabeça, enfeitada com uma fita de cabelo feita de margaridas, que dei à minha mãe um tanto surpreendida numa altura em que ela estava a fazer limpezas na cozinha. No seu ensaio "The Madonna's Conception Through the Ear, A Contribution to the Relation between Aesthetics and Religion", Jones continua o seu texto analisando o tema das obras de pintura do Renascimento que figuram o Anjo Gabriel com um lírio na mão e a Virgem recebendo a palavra de Deus, e observa que:

> *[O]s actos de respirar e falar são ambos tratados no inconsciente como equivalentes do soltar de gases intestinais, e opera-se assim um deslocamento de afecto que passa da segunda acção para a primeira*[10].

Ao analisar as associações entre a acção do sopro, o som, a invisibilidade e o fluido, a humidade, o calor e o cheiro através da sua figuração pictórica na iconografia religiosa e na teologia, Jones conclui que a narrativa cristã da Imaculada Conceição é elaborada a partir de uma teoria sexual infantil característica da fase anal – ou seja, a de que os bebés nascem saindo pelo ânus, como as fezes. Estes pensamentos e crenças são depois recalcados e tornam-se componentes do inconsciente adulto, vivendo nas vidas adultas enquanto fantasias. Como o psicanalista e psiquiatra americano Robert Stoller diz:

> *A fantasia é portadora de esperança, cura dos traumas, protege da realidade, dissimula a verdade, alicerça a identidade, restaura a tranquilidade, combate o medo e a tristeza, lava a alma. E cria perversões. Desde que Freud o mostrou pela primeira vez, sabemos que nos seres humanos a fantasia tem tanto peso na etiologia das perversões – e de toda a excitação sexual – como os factores fisiológicos e ambientais que a investigação sexológica nos ajudam a compreender*[11].

A Fase do Pavonear e do Armar

Na sequência da repressão do estádio anal e das suas fantasias, a criança entra num período dominado pelo erotismo uretral, fálico e clitoridiano. O pénis do rapaz, como órgão de micção, de prazer sensual, mas especialmente enquanto característica visível, assume uma especial importância; por isso Freud chamou a este novo estádio do desenvolvimento a fase fálica.

O investimento narcísico do pénis ocorre também num momento em que o instinto epistemofílico se encontra organizado em torno da utilização do olhar pelo eu, e a visão é um aspecto importante para o desenvolvimento do eu e da sua capacidade de controle. O psicanalista britânico Donald Winnicott chamou a esta época a fase "do pavonear e do armar", uma vez que a importância do pénis passa a ligar-se aos alvos do olhar e do ser visto. Aqui a pulsão escopofílica com o seu alvo activo e voyeurista e o seu alvo exibicionista e passivo associa-se plenamente à fase fálica. E é aqui que a distinção entre feminino e masculino é descoberta por referência à presença ou à ausência visível do pénis, de tal modo que a delimitação entre o si-próprio e o não-eu passa a ser simbolizada pela oposição entre o fálico e o castrado.

Na fase fálica, a criança do sexo masculino não associa o prazer do pénis com o pénis enquanto órgão de procriação; trata-se de um pénis isolado que não reconhece a existência da vagina. É neste estádio que o "complexo nuclear" ou complexo de Édipo atinge o seu auge, e é neste momento que, segundo Freud, o desenvolvimento psicológico dos rapazes e o das raparigas se tornam muito diferentes.

Segundo Winnicott, as raparigas enfrentam algumas dificuldades neste estádio, uma vez que as pulsões fálicas são fortes e as raparigas se encontram apaixonadamente apegadas à mãe como objecto de desejo, mas não têm, nos termos da psicanalista Anna Freud (filha de Sigmund), o "órgão executivo do complexo de Édipo".

Com efeito, se confrontam com o doloroso fracasso das suas ambições sexuais, não tanto devido ao género, nem à força social que impõe o tabu do incesto, mas dada a realidade da sua insuficiência biológica. Os seus órgãos não são órgãos de reprodução (não são órgãos genitais no pleno sentido do termo) e existe uma diferença real entre as gerações que não pode ser ignorada, denegada ou invertida. A diferença entre as gerações sobre a qual o complexo de Édipo da criança se funda é "castradora", pois significa que a criança se torna consciente da sua impotência relativa na escala humana das coisas. Este complexo de castração pode assumir toda uma variedade de representações. É experimentado como uma ferida que atinge o narcisismo da criança ou os seus sentimentos de poder, e representa uma espécie de perda que recapitula as ansiedades sofridas ao longo de todas as experiências de separação anteriores.

Se a "tragédia benéfica" (assim chamada porque é experimentada como uma tragédia pela criança, mas tem um efeito benéfico para a sociedade) do complexo de castração for reconhecida e integrada pelo eu da criança, leva a uma repressão fundamental da sexualidade infantil e à aquisição de uma subjectividade mais "madura". O rapaz reprime a sua busca edipiana da mãe como companheira sexual e elabora uma identificação com o seu pai enquanto modelo de um destino adulto. Deste modo interioriza o complexo de Édipo enquanto interdição que forma a base da aceitação do facto social das leis, regras e estruturas da troca. É nesta época que a criança aprende as regras sociais, do mesmo modo que as regras da linguagem, do diálogo, da razão e do adiamento da gratificação (e a experiência desconcertante da descoberta deste mundo de regras, trocas, reciprocidade e de passagem do estado "selvagem" ao doméstico é manifesta no fascínio dos rapazes pelo jogo dos Pokémon e pelas suas regras igualmente desconcertantes). As energias das pulsões libidinais que impeliam o rapaz no decorrer do desenvolvimento das diferentes fases da sexualidade infantil são reprimidas e ficam disponíveis para a sublimação operada através da educação, da cultura, dos jogos, dos desportos e actividades sociais em geral.

O trajecto da rapariga é diferente uma vez que, segundo Sigmund Freud, é o complexo de castração que a impele na via do complexo de Édipo. Da busca activa do objecto materno, a rapariga afasta-se da mãe e torna-se "a menina do papá", animada do activo propósito de tomar o que receba do pai e de agradar a este. Também este movimento é objecto de uma repressão maciça e a rapariga acaba por aceitar igualmente a lei social e o código moral sob a forma de um supereu, ou estabelece em termos mais fluidos uma série encadeada de equivalentes substitutivos do seu amor pelo pai a conquistar por meio da sedução.

Próximo do fim da sua vida, Freud observou que as suas descrições da feminilidade eram incompletas, e muitas analistas propuseram emendas e novos desenvolvimentos da teoria freudiana da sexualidade feminina. Embora as descrições das diferenças de género continuem a ser temas altamente controversos, há apesar de tudo um acordo geral por parte dos psicanalistas, reconhecendo que o modelo de uma sexualidade infantil activa que sucumbe à repressão e é mais tarde revisitada na puberdade é um traço essencial da sexualidade e que esta natureza difásica da sexualidade humana é um aspecto decisivo quando consideramos as neuroses e as perversões.

Que importância assume a erogeneização das outras funções somáticas na criança jovem? O investimento libidinal da totalidade do corpo, da coordenação motora do aparelho muscular interveniente no gatinhar, na aprendizagem da posição erecta e da marcha, o controle motor preciso associado à escrita, o domínio acústico e o ouvido como órgão de recepção sensorial são outras tantas importantes experiências somáticas e do eu na criança pequena. Em 1938, Freud concluía que o corpo no seu todo era na realidade uma zona erógena[12].

No entanto, mais importante ainda é talvez o facto de o desenvolvimento que percorre os estádios pré-genitais ser não só somático, mas também psicológico no sentido em que as representações e fantasias de cada fase se organizarem em torno da pulsão epistemofílica e da sua curiosidade sob a forma de "investigações" ou "teorias sexuais infantis". Estas são soluções conceptuais adoptadas pelas crianças sobre a questão elementar de saber de onde vêm os bebés e sobre a natureza da relação existente entre os seus pais, ao mesmo tempo que são também "teorias" que se baseiam na experiência do auto-erotismo das próprias crianças. É extraordinário como estas investigações intensas da infância, muitas vezes confirmadas pelos pais ou outras pessoas que se ocupam das crianças, são esquecidas na época da adolescência. Uma das teses da psicanálise é que estas ideias e soluções arcaicas continuam activas na mente inconsciente do adulto e podem vir a formar efectivamente a base das perversões adultas.

Saber e Não-Saber: as Teorias Sexuais Infantis

Estas "teorias" ou hipóteses sexuais das crianças são os equivalentes conceptuais da experiências fisicamente intensas ligadas às zonas erógenas. O pensamento é inseparável do sentimento, e os sentimentos sensuais estão na infância muito próximos dos sentimentos emocionais. Na infância precoce a combinação do eu e do isso (pulsões) cria representações em que as impressões sensoriais são intercambiáveis: é a chamada sinestesia. É o eu em desenvolvimento que separa o som da imagem visual, o sofrimento emocional da dor física, a ansiedade do mal-estar corporal e assim por diante, à medida que o eu se separa do isso, e o si-próprio do não-eu. O papel desempenhado pelas encenações ou fantasias pertencentes à família das teorias sexuais infantis é um elemento decisivo desta "separação" entre o si-próprio e a realidade exterior.

Voltamos a encontrar estas fantasias nas narrativas, pinturas e cenários da vida e cultura adultas. Embora sucumbam, como a sexualidade infantil, à repressão e à amnésia infantil, continuam a ser activas no inconsciente. O ensaio de Ernst Jones sobre a Anunciação nas obras de pintura do Renascimento ilustra uma das teorias sexuais que intervém durante a fase anal: a concepção pelo ouvido por meio de uma emissão de gases intestinais – por mais clamorosamente absurda que tal ideia pareça aos espíritos adultos[13]. São numerosas outras versões que evocam a postura de ovos (teoria cloacal), o lodo (Génesis) e o ânus (sodomia) e que, também elas, gravitam em torno de um pólo anal.

As fantasias que tomam por eixo a oralidade são igualmente omnipresentes tanto ao nível da nossa cultura como no jogo infantil. Freud observou que a angústia de castração poderia conduzir a uma regressão a um estádio anterior, e descreveu o caso de um rapaz que desenvolveu o medo de ser comido pelo pai, comentando:

Aqui é impossível não recordarmos o fragmento primitivo da mitologia grega que narra como Cronos, o Velho Deus Pai, devorava os seus filhos e procurou devorar também Zeus, o seu filho mais novo, à semelhança dos restantes, e como Zeus foi salvo pelo engenho da sua mãe e mais tarde castrou o seu pai[14].

Numa versão mais recente da fantasia, podemos reconhecer no filme *Jaws* (*O Tubarão*) o *frisson* e terror que deriva da nossa identificação com o tubarão assassino e os sedutores corpos humanos que ele devora. Analogamente o assassino canibal do filme *The Silence of the Lambs* (*O Silêncio dos Inocentes*) é uma figura ambígua de voracidade e bom gosto. Devora as suas vítimas e também se oferece para ser incorporado pela jovem detective que se ocupa "do seu caso". O pai edipiano perverso do filme de David Lynch *Blue Velvet* é associado, através da banda sonora e da sequência das imagens, à avidez infantil, aos alimentos de bebé e a um excesso de exigências corporais. O cinema tem uma aptidão particular para a representação de fantasias pré-genitais ou perversas, sobretudo as ligadas à oralidade e à angústia de castração, e teremos de voltar a explorar este aspecto mais tarde (pp. –).

A análise efectuada pelo psicanalista britânico Masud Khan das fantasias orais que se encontram presentes na perversão remete o leitor para a teoria de Sandor Ferenczi "A Confusão das Línguas entre o Adulto e a Criança" (1919), em que Ferenczi descreve a diferença entre a sexualidade infantil que fala uma linguagem de ternura e a genitalidade adulta que fala uma linguagem de paixão.

As fantasias da fase fálica são facilmente confundidas com as da genitalidade porque se referem geralmente aos órgão genital (masculino), mas é importante distinguir a ideia infantil de um falo "isolado e poderoso" da experiência adulta do pénis como órgão generativo capaz de transformar um homem em pai.

Os filmes e contos infantis são uma fonte abundante de representações de fantasias fálicas, e o mais breve lançamento de rede é aqui compensado por uma rica escolha de ilustrações. Harry Potter na sua vassoura voadora Firebolt que salva Griffindor (a casa do colégio interno onde Harry está) ganhando um jogo de *quidditch* numa aventura de inequívoco triunfo fálico[15]. Os episódios voadores de *Peter Pan, Aladino, Dumbo, Mary Poppins, Bedknobs and Broomsticks, Chitty Chitty Bang Bang* e até mesmo *Biggles* são fantasias do mesmo teor.

Embora as fantasias de voo possam ter múltiplos sentidos, é indubitável que o seu aspecto sexual fálico é um dos elementos do excitante prazer da ascensão. No seu artigo sobre "A Defesa Maníaca"[16], Winnicott sugere a ideia de que o "ascensional" pode ser usado, na defesa maníaca, como parte de uma série simplificada de oposições diádicas procurando compensar pesados sentimentos de luto e pensamentos depressivos. Winnicott sugere ainda que a representação cristã da crucificação dá forma ao afecto doloroso característicos dos pensamentos depressivos, enquanto o movimento "ascensional" da ressurreição assume um sentido inequivocamente fálico.

Sobre o Ver como Saber

Uma vez que a fase fálica é também a época em que a pulsão escopofílica atinge a sua intensidade máxima, é interessante considerarmos aqui o género policial, no cinema e na literatura, à sua luz. Os jovens detectives como os rapazes de *Emílio e os Detectives*, Tintim o repórter detective, os escuteiros de Baden-Powell que aprendem a identificar as pistas visuais dos mistérios da natureza, os rapazes que se servem de binóculos em busca de mistérios por resolver, ou o detective privado do filme negro cujos monólogos indicam que se encontra na posse do ponto de vista omnisciente da câmara são outros tantos belos exemplos da intensa curiosidade, ou epistemofilia, da fase fálica.

O facto de não haver um objecto de indagação visível na busca edipiana que o rapaz leva a efeito tentando conhecer o outro sexo torna o regime escópico ao mesmo tempo mais frustrante, excitante e significativo. A escopofilia torna-se o veículo da curiosidade e o regime visual passa a ser visado como terreno de prova ou do saber. Podemos dizer que a fase fálica detesta o enigma. O mistério é desvalorizado por comparação com o magistério.

E quanto às fantasias da rapariga? Na fase fálica há um lugar ocupado pela inveja do pénis, na altura em que as raparigas se perguntam se não seriam antes rapazes – ou, melhor, são temporariamente possuídas pela convicção de que prefeririam ser machos ou ter o que os rapazes têm.

A curiosidade sexual edipiana da rapariga descobre um objecto bem visível no pénis do seu pai, o que pode manter-se no inconsciente da mulher heterossexual adulta como o sentimento de que os homens são indefinivelmente grandes. A inveja do pénis declina com o desenvolvimento do complexo de Édipo e quando as raparigas podem redescobrir a "sedução" das mulheres, da mãe, e da ideia de virem a ter um bebé. O lado exibicionista da pulsão escopofílica é por vezes tão forte como o da pulsão voyeurista, e por vezes ainda mais forte, e assim as raparigas poderão começar a preocupar-se com a sua aparência, a interrogar-se sobre se serão ou não belas e sexualmente atraentes, embora a definição destes traços no pensamento da rapariga raramente corresponda à sua definição adulta.

A teoria do monismo fálico de Freud levou-o a pensar que as raparigas e os rapazes seguiam vias de desenvolvimento nos estádios pré-edipianos, e que os dois géneros entravam na fase fálica mantendo a crença comum de que todos os seres humanos são dotados de um pénis. Segundo Freud, era a descoberta por parte da criança de que as raparigas, ou as mulheres, ou as mães, não têm pénis – descoberta efectuada por meio da visão – que precipitava o complexo de castração e a angústia de castração.

Para as raparigas, a angústia era uma reacção à ideia de serem castradas, e para os rapazes a angústia poderia oscilar entre ser "mais ou menos castrado", uma ameaça, ou a castração, a transição orientada para o interesse na realidade exterior.

Esta teoria do monismo fálico foi interpretada de vários modos diferentes pelos analistas posteriores, e alguns, como a filósofa feminista francesa Luce Irigaray, sugerira, que a concepção monista é em si própria a expressão de uma "teoria infantil" masculina, que afirma a ausência em lugar da diferença.

Entre as múltiplas fantasias que gravitam em torno da fase fálica, algumas das mais interessantes, de um ponto de vista cultural, são as que encontram expressão na perversão fetichista. No fetichismo há uma interrelação complexa de um sistema de pensamento designado como denegação, assente numa forma particular de clivagem defensiva do eu entre a percepção sensível e a crença, uma actividade erótica ou prática sexual que integra a presença do fetiche numa fantasia particular que é essencial para a experiência do orgasmo, e uma estrutura afectiva que determina a experiência afectiva do fetichista perante o objecto-fetiche e as outras pessoas.

Há numerosas descrições psicanalíticas da análise e tratamento do fetichismo, embora seja largamente admitido que o fetichismo, sendo uma solução imaginária de uma situação difícil universal, raramente é experimentado como um problema pelos fetichistas. Enquanto os exemplos de Freud da orientação sexual fetichista analisavam o caso de homens que cortam o cabelo das mulheres (*coupeur de nattes*), ou do homem para o qual certa espécie de "nariz brilhante" é uma componente indispensável da excitação sexual, temos hoje *sex shops* de portas abertas para a rua, adereços que aprisionam o corpo como artigos em voga e o fetichismo como prato forte dos programas de televisão do fim da noite. Quando o fetichismo aparece no quadro do tratamento analítico, o paciente em geral procura a terapia devido a outro "problema actual", e o seu fetichismo só durante a cura vem à tona.

Além de analisar o fetichismo enquanto forma de perversão nos seus ensaios sobre a sexualidade, Freud retomou o problema em 1927 num breve artigo intitulado "Fetichismo"[17] e, em 1938, num artigo inacabado que conheceu publicação póstuma, "A Clivagem do Eu nos Mecanismos de Defesa"[18]. No artigo de 1927, Freud sublinha o papel desempenhado pela denegação, mostrando que a escolha do objecto fetiche é geralmente governada por uma percepção que precedeu a visão dos órgãos genitais femininos que evocam o terror da castração. O fetichista denega esta percepção sensível dos órgãos genitais femininos e "apodera-se", para usarmos a metáfora de Freud, de uma outra parte do corpo à qual atribui o papel do pénis. "Trata-se em geral de alguma coisa que ele viu no mesmo momento em que viu os genitais femininos, ou de qualquer coisa que se preste a funcionar como substituto do pénis"[19], observa Freud e faz notar que o fetiche indica a intenção por parte do sujeito de destruir a prova da possibilidade da castração. Ironicamente, o fetiche simboliza a união genital que tenta ao mesmo tempo denegar.

Um Exemplo Cultural:
o Fetichismo e a Sala de Cinema,
o Teatro de Sombras

Porquê servirmo-nos de um exemplo da vida comum como ilustração da sexualidade "anormal"? É que isso ajuda-nos a vermos a universalidade da sexualidade perversa, e a entendermos a sexualidade no seu sentido mais amplo de actividade libidinal presente na vida quotidiana e em formas de pensamento bastante comuns e "normais".

Quando vemos um filme que nos agrada, a sexualidade infantil deixa de ser uma estranha invenção científica do século XIX, nem qualquer coisa que temos de observar no comportamento dos nossos filhos. A sexualidade infantil manifesta-se sob várias formas – sublimada no âmbito da cultura, ou não-sublimada no comportamento dos nossos amigos, família, colegas (criminosos ou não), bem como em nós próprios.

O inconsciente, na descrição que dele faz Freud, está em actividade por toda a parte, e Freud sugeria que a psicanálise era apenas uma técnica que nos permite observar a sua acção e nalguns casos exercer a sua influência sobre o seu curso. A sala de cinema é um outro lugar onde podemos observar a actividade da mente, embora seja menos provável que possa exercer efeitos semelhantes aos que exerce a psicanálise.

Não é necessário procurarmos a "grande" arte ou a "alta" cultura se quisermos descobrir a grandeza do isso. Nem é necessário procurarmos filmes de temática declaradamente erótica para vermos a actividade libidinal em acção no cinema. De facto, torna-se muito mais revelador considerarmos formas realmente populares como os filmes musicais, as comédias, os filmes de horror, de ficção científica ou policiais, quando queremos encontrar os mais claros exemplos da realidade psíquica em acção. O filme de horror, forma cultural predilecta dos surrealistas, contém monstros vindos do isso cuja ressonância evoca as figuras da mitologia grega e cuja significação coincide com a dos sonhos recordados pelo paciente no quadro analítico. Diversos autores aplicaram de múltiplas maneiras as ideias psicanalíticas no campo da crítica cinematográfica e os seus livros não são difíceis de encontrar. Neste campo tem curso um debate centrado no uso do conceito de fetichismo, cujo estudo se justifica plenamente uma vez que permite demonstrar a ubiquidade da perversão na vida quotidiana.

O conceito de fetichismo foi amplamente utilizado na teoria fílmica visando a compreensão da natureza compulsivamente gratificante das identificações do espectador que vê um filme. Christian Metz, o estruturalista francês que inventou a teoria fílmica contemporânea, recorreu à semiótica e à psicanálise, servindo-se largamente dos psicanalistas franceses Octave Mannoni e Jacques Lacan. Propôs uma teoria analítica do cinema no seu livro *O Significante Imaginário: Psicanálise e Cinema*[20]. Observou que um uso adequado da teoria psicanalítica não poderia consistir numa "análise" dos "autores" (realizadores de cinema, produtores, argumentistas, etc.), mas que deveria visar compreender os mecanismos de identificação que "cegam" o espectador para o espectáculo; a interacção das identificações primárias e secundárias do aparelho psíquico e do aparelho cinematográfico.

Retomando os termos da descrição que Freud fez das fantasias diurnas e comparando o sonho e o filme, Metz recorre à metapsicologia para abordar os aspectos do fetichismo e da denegação, escrevendo assim:

> *A partir do momento em que o célebre artigo de Freud formulou pela primeira vez o problema, a psicanálise associou estreitamente o fetiche e o fetichismo à castração e ao medo que esta inspira. A castração, para Freud, e ainda mais claramente para Lacan, é antes do mais a castração da mãe, e é por isso que as principais figuras que inspira são até*

certo ponto comuns aos dois sexos. A criança que vê o corpo da mãe é forçada por meio da percepção – pela "evidência dos sentidos" – a aceitar a existência de seres humanos desprovidos de pénis. Mas durante muito tempo – e de certo modo para sempre – não interpretará esta observação inevitável nos termos de uma diferença anatómica entre os sexos (= pénis/vagina). Crê que todos os seres humanos têm um pénis e por isso interpreta aquilo que vê como efeito de uma mutilação, o que redobra o seu medo de vir a sofrer também esse destino (ou ainda, no caso da rapariguinha a partir de certa idade, o medo de ter sido já castrada). Por outro lado, é este mesmo terror que é projectado no espectáculo do corpo da mãe e convida à leitura de uma ausência onde a anatomia vê uma diferença. O argumento da castração nas suas grandes linhas não difere quer o entendamos, como Lacan, enquanto drama essencialmente simbólico em que a castração representa numa metáfora decisiva todas as perdas, sejam estas reais ou imaginárias, que a criança já sofreu (trauma do nascimento, seio materno, excrementos, etc.), quer a entendamos, pelo contrário, considerando, como Freud, o argumento um pouco mais literalmente[21].

Segundo Metz (e outros), a estrutura derivada da denegação que consiste na oscilação entre duas partes clivadas do eu exprime-se, no caso de poder ser verbalizada, como "Eu sei, mas apesar de tudo", que caracteriza a passagem ao acto na perversão. A denegação é assim uma outra defesa mobilizada para manter dois elementos clivados de uma conexão desfeita isolados um do outro. No comportamento perverso, poderá ser assim encenado um drama hostil enquanto o protagonista permanece "ignorante" do sentido do que está a fazer, ou a passar ao acto. Por exemplo, uma pessoa promíscua poderá perfeitamente que a sua promiscuidade é uma forma de liberdade sexual com quem ninguém tem a ver seja o que for, mas poderá também reconhecer tacitamente que o choque ou decepção causado nos outros é uma condição indispensável do seu prazer; o papel do personagem sexualmente inocente que está a ser simplesmente desinibido e "livre" é uma passagem ao acto de um drama de hostilidade e vingança.

O processo de denegação que permite a suspensão da descrença é uma parte integral da nossa participação cultural genérica. Ao ler romances, o leitor "negligencia" a materialidade do texto e da sua produção a fim de entrar na ficção narrada – do mesmo modo que no teatro o arco do proscénio é uma moldura que codifica a separação entre a realidade física dos espectadores do espaço da peça encenada diante deles, e, metaforicamente, encenada também no seu interior. Em ambas estas formas culturais a materialidade do significante – quer no caso das palavras letra de forma, quer no dos actores em palco – torna-se tangível e é partilhada pela presença material do espectador.

Em todas estas formas, o fetichismo age como uma operação de enquadramento que cinde as duas realidades – a da percepção dos sentidos e a da crença ficcional – ao mesmo tempo que exterioriza a clivagem do eu.

Outras formas de enquadramento como a peça dentro da peça (por exemplo, no *Hamlet* de Shakespeare) ou do sonho dentro do filme (por exemplo, *A Casa Encantada (Spellbound)* de Hitchcock) servem para reforçar a "realidade" da diegese do enquadramento contrastando-a com a ficção que a enquadra.

O cinema difere de outras artes dramáticas por ser menos material e mais imaginário. A experiência de ver um filme é mais próxima da experiência do sonho ou da alucinação, uma vez que as linhas de demarcação entre a realidade interior e exterior se esbatem. É isso que leva Metz a descrever o cinema como o "significante imaginário" e a descrever a estrutura da representação fílmica como análoga à estrutura da denegação no aparelho psíquico.

Quando vamos ao cinema assumimos duas espécies de olhar, a que podemos chamar identificação primária e identificação secundária.

A identificação primária inclui o puro prazer de olhar para um ecrã brilhante e iluminado enquanto

UM EXEMPLO CULTURA: O FETICHISMO E A SALA DE CINEMA | 53

se está regressivamente aninhado no escuro, num calor acolhedor e numa boa cadeira. É uma situação que solicita a pulsão escopofílica com o corpo da mãe como objecto inconsciente e a promessa de plenitude imaginária aí contida. O ecrã é um seio, que se oferece ao olhar de uma assistência cujos membros se tornam *voyeurs*, cuja excitação se alimenta pelo acto de olharem.

A identificação secundária compreende a identificação do eu de partes de si próprio com os personagens que aparecem na diegese. Inclui não só os heróis da história, como seria de esperar, mas também com os vilões, e efectiva-se através do modo como a narrativa fílmica é convencionalmente construída a partir de uma série de ilustrações de pontos de vista, cada um deles tomado na perspectiva de um personagem ou de outro. As identificações secundárias são múltiplas e podem ser inconscientes, mas são representadas em termos de forma humana e devem ser descritas como narcísicas.

Algumas feministas, na esteira de Laura Mulvey[22], desmontaram o modo como a forma patriarcal do filme no realismo clássico do cinema de Hollywood reproduz a oposição entre os pólos activo / masculino / voyeur / sádico e passivo / feminino / exibicionista / masoquista. A progressão da narrativa depende do alvo activo da pulsão sádica "de fazer acontecer alguma coisa", de controlar e de passar ao acto, e também do olhar estático, oscilante, fetichista, que suspende a acção em benefício do puro espectáculo. A proporção dos dois tipos de identificação varia segundo os códigos dos diferentes géneros; é o que podemos observar nos filmes musicais, por exemplo, quando a acção dramática é subitamente interrompida por uma cena cantada e dançada, sendo retomada a seguir.

Mulvey aplica-se em particular a mostrar de que modo a representação cinematográfica das mulheres na narrativa clássica depende da ideia da mulher como significante da castração. A mulher, faz ela notar, é ou fetichicizada e dotada dos atributos fálicos ausentes que a tornam uma imagem mais de confiança do que de ansiedade (ou seja, mais bela do que assustadora), ou é simbolicamente punida pela sua incompletude (quer dizer, mantém uma condição subjugada nos termos da narrativa), o que tem por resultado assegurar um mundo ficcional em que a necessidade de controle do *voyeur* se apoia na "lógica" infantil da fase fálica[23]. O *voyeur* que espreita o que se passa do outro lado da janela imagina que a pessoa que vê despir-se se despe para ele e se encontra sob o seu controle mágico. O cinema torna esta acção possível a toda a gente.

O espectador fetichista está simultaneamente consciente da potência da ficção e da técnica, do estilo fílmico, da cinematografia, da *mise-en-scène*, dos efeitos de luz, do uso do som, da montagem, da intertextualidade, "porque o seu prazer reside no intervalo entre uma coisa e outra". Embora este prazer seja característico do cinéfilo, do conhecedor ou do crítico de cinema, vale também para as pessoas que simplesmente gostam de "ir ao cinema", porque o fazem a fim de terem a experiência de serem transportadas pelo filme, e também de apreciarem a técnica (os efeitos especiais, etc.) que produzem esse efeito, e na medida em que as duas experiências coexistem, falaremos de um filme "bom" ou "bem feito".

Uma outra manifestação do fetichismo no cinema encontra-se no uso do enquadramento. O próprio movimento da câmara pode ser definido como uma série de enquadramentos sucessivos, e nesse sentido o enquadramento é fundamental para o cinema, mais do que uma simples técnica específica. Como sustenta Metz:

> *O cinema de temática directamente erótica joga com as zonas marginais do enquadramento e com as revelações graduais e se necessário incompletas que a câmara permite ao mover-se, e tal não acontece por acaso. Intervém aqui a censura, a censura dos filmes e a censura no sentido de*

> *Freud. Quer a forma seja estática (enquadramento fixo) ou dinâmica (câmara móvel), o princípio é o mesmo: o que importa é jogar simultaneamente com a excitação do desejo e a sua não consumação (que é o oposto da excitação e contudo o que a cria), através das variações infinitas possibilitadas pela técnica dos estúdios que permite traçar exactamente a linha de delimitação que barra o olhar, que põe um termo e limita o "visto", que introduz no escuro a inclinação descendente ou ascendente que tende para o que se não vê, para o que se adivinha*[24].

O desejo e a sua não consumação é uma das características essenciais da perversão. Poderíamos dizer que o perverso é um conhecedor do desejo e do seu diferimento. O movimento metonímico dos deslocamentos do enquadramento cria um *suspense*, que é parte integrante da narrativa cinematográfica, mas que é usado também como uma técnica específica da operação da câmara nos filmes de *suspense*. O jogo da revelação parcial e do encobrimento, ou adiamento, que se mantém é análogo à estrutura metonímica do próprio desejo, e por isso de natureza sexual ainda quando o conteúdo das sequências em causa não é erótico. A única diferença é a energia ou o *quantum* da libido que é sublimada e da que o não é. Metz escreve:

O modo como o cinema, com os seus enquadramentos que deambulam (deambulam como o olhar e deambulam como as carícias), procede para revelar o espaço tem qualquer coisa a ver com uma espécie de desnudamento permanente, um strip-tease *generalizado, um* strip-tease *menos directo mas mais perfeito, uma vez que torna possível vestir de novo o espaço, afastar da vista o que antes foi mostrado, voltar atrás, bem como reter (como a criança no momento do nascimento do fetiche, a criança que já viu, mas cujo olhar bate rapidamente em retirada): um* strip-tease *atravessado por* flashbacks, *sequências invertidas que depois conferem um novo impulso ao movimento para diante*[25].

Quais São as Causas da Perversão?

Freud observava acerca das pulsões pré-genitais e das teorias sexuais que:

> *Citarei como representantes de maior importância deste grupo o desejo de causar dor (sadismo) com a sua contrapartida passiva (masoquismo) e o desejo activo e passivo ligado ao olhar, do segundo dos quais nasce mais tarde a curiosidade, ao passo que o primeiro é a origem do impulso artístico e da exibição teatral*[26].

As pulsões pré-genitais e pré-edipianas são portanto recalcadas, sublimadas ou integradas na genitalidade adulta. Se se der uma fixação em certo aspecto da sexualidade infantil, nos seus alvos e nos seus objectos, as pulsões perdem a sua mobilidade, deixam de poder mover-se na direcção de outros objectos e imobilizam-se. O facto de um aspecto infantil que é sempre o mesmo permanecer activo pode ou enfraquecer a função sexual adulta concorrendo com ela, ou até substituí-la por completo. Há portanto vias que fazem com que certas pulsões pré-genitais fiquem por integrar na sexualidade genital, podendo substituir os seus alvos sexuais aos da zona genital, e é este processo que Freud descreve como perversão:

> *Há três espécies de perturbações que representam inibições directas no desenvolvimento da função sexual; incluem as perversões e bastante frequentemente um infantilismo geral na vida sexual*[27].

Freud nunca deixou claramente dito quais poderiam ser as causas da perversão. Afirmava categoricamente que a fixação desempenhava o seu papel, mas sem saber ao certo se isso seria o resultado de uma zona erógena excessivamente activa, efeito da sedução infantil (abuso sexual cometido sobre a criança) ou de uma "degenerescência" constitucional inata.

Ao tentar estabelecer as causas da perversão, Freud comparava-as com as neuroses para concluir que, embora as perversões e as neuroses tivessem uma origem comum na sexualidade infantil, as neuroses são o resultado de um recalcamento mal sucedido das pulsões correspondentes, ao passo que as perversões teriam, por assim dizer, contornado a repressão e seriam o efeito de uma integração não conseguida. Por isso, pensava que a neurose era o "negativo" da perversão.

O destino das pulsões pré-genitais é serem reprimidas e sublimadas ou passarem a subordinar-se, depois da puberdade, à pulsão genital que visa a união e a intimidade sexuais com uma pessoa amada, tornando-se nesse caso componentes dos preliminares, da sedução e da corte que introduz a relação sexual completa.

Acerca da relação entre a sexualidade infantil e a sexualidade adulta, Freud sugeria:

> *Ao que parece nenhuma pessoa saudável pode deixar de adicionar um elemento a que poderíamos chamar perverso ao alvo sexual normal; e a universalidade desta descoberta é por si só suficiente para mostrar a inadequação da palavra perversão como termo pejorativo*[28].

De modo análogo, a homossexualidade e o lesbianismo incluem-se como parte integrante da heterossexualidade e só diferem desta pela forma latente ou manifesta que assumem, e pelo facto de definirem ou não uma condição sexual.

As Definições Pós-Freudianas da Perversão

O artigo de 1938 de Freud intitulado "A Clivagem do Eu nos Mecanismos de Defesa"[29] constituiu um ponto de partida para outros psicanalistas. Melanie Klein examinou o conceito de clivagem defensiva e considerou que a sua origem se situava num estádio muito mais precoce, pouco depois do nascimento. Redefinia-se assim a datação dos estádios libidinais, bem como da formação do complexo de Édipo, do supereu e das origens da ansiedade.

Um dos pontos centrais da teoria de Klein é a tese de que a infância não só é auto-erótica e narcísica, mas mostra também a existência de um intricado "mundo interior" mental que existe desde o nascimento e que pode ser considerado como o mundo das "relações de objecto", no sentido de atribuir à criança representações internas das relações que mantém com pessoas e coisas significativas.

O objecto central na mente da criança é a mãe (ou as partes da mãe) enquanto constitui a base de um objecto bom e está ao mesmo tempo sob a ameaça constante de ser destruída pelos seus ataques sádicos primitivos. O ataque visando a mãe, que tem lugar na vida de fantasia do "mundo interior" é um ataque contra o si-próprio infantil e cria uma ansiedade terrível.

As ansiedades primitivas são análogas aos estados mentais que encontramos nas psicoses. Melanie Klein chamou-lhes ansiedades esquizo-paranóides (EP), e contrastou o estado mental correspondente com o estádio mais desenvolvido em que a criança pequena se torna capaz de reconhecer os efeitos da sua agressão e arrepender-se dela, tentando repará-la, entrando na chamada posição depressiva (D).

A alternância entre os pólos EP e D é um traço permanente da vida mental. A clivagem e a projecção são consideradas as defesas primárias da posição EP, ao passo que a posição D prenuncia a criatividade.

Embora Melanie Klein nunca tenha chegado a desenvolver uma teoria da perversão enquanto tal ao longo da sua obra, explorou, por meio da análise infantil, a área correspondente à descrição freudiana das teorias sexuais infantis e interessou-se particularmente pelas manifestações primitivas do sadismo enquanto exteriorização da pulsão de morte.

O psicanalista Robert Hinshelwood observa que:

Klein descobriu que as componentes sádicas amplamente presentes nas crianças correspondiam aos tipos de sadismo que se encontram na criminalidade adulta. Posteriormente, os kleinianos tenderam a considerar todas as perversões como manifestações da pulsão de morte – e outros tantos impulsos que distorcem a sexualidade[30].

A obra de Melanie Klein foi ao mesmo tempo controversa e influente, e os analistas que trabalham no interior da sua tradição serviram-se dos conceitos da fundadora para a descrição de certas espécies de negatividade persistente considerada enquanto sexualização auto-destrutiva da pulsão de morte. Num monumental e comovente relato do seu trabalho de uma vida com reclusos, entre os quais se incluíam *serial killers*, homicidas, violadores, autores de abusos sexuais sobre crianças e toxicodependentes – *Cruelty, Violence and Murder*[31] –, Arthur Hyatt-Williams aplica a teoria kleiniana da pulsão de morte e da sua exteriorização como agressão à análise da criminalidade, e descobre no homicídio sádico a demonstração de uma fantasia perversa que estabelece uma equação entre o orgasmo e a destruição ou a aniquilação da ideia de um bebé ou de uma criança. Existe na circunstância uma certa ideia de generatividade no sexo, e essa ideia é tão intolerável que se torna objecto de um ataque selvagem em termos sexuais de extrema excitação.

Podemos observar na maior parte das pessoas "normais" uma dificuldade que se opõe à representação da sexualidade dos seus progenitores. Hyatt-Williams também faz notar que uma experiência traumática de desumanização brutal aparece de um modo geral como parte da patologia do homicídio e do abuso, e mostra como a prática do seu trabalho nas prisões se baseou nos mesmos princípios que presidem a tratamentos mais convencionais em casos menos difíceis.

A controvérsia em torno da obra de Melanie Klein prende-se à ideia que esta sustenta de que as crianças mais jovens, desde o nascimento, e antes ainda, possuem um "mundo interior" complexo que interage depois com as influências externas criando um sujeito humano. Opondo-se a esta perspectiva, Winnicott e outros sustentam que aquela atribui demasiado cedo à criança mais jovem uma organização psíquica demasiado complexa, e que o psiquismo da criança só gradualmente se desenvolve à medida que ela se relaciona com o meio.

De início o bebé é o objecto da mãe e depende por completo do seu amor, constituindo os cuidados da mãe o seu meio. Através da sua necessidade de participação nesse meio, o bebé desenvolve um mundo de representações complexo. Esta outra tradição da psicanálise dá lugar a uma abordagem diferente das origens e da génese da perversão, como o documenta a obra de Masud Khan. Trata-se de uma abordagem que faz parte de um reconhecimento de âmbito mais geral, por parte da cultura britânica após a Segunda Guerra Mundial, da importância da dependência precoce das crianças em relação à mãe. O trabalho do psicanalista e psiquiatra infantil John Bowlby sobre o apego, a separação e a perda centrou-se também no desenvolvimento da subjectividade a partir da dependência original, recorrendo a sua investigação a dados provenientes da primatologia a par da observação de bebés e mães. O trabalho de Bowlby levou-o à elaboração da sua teoria do apego, que faz assentar o conhecimento da natureza infantil numa base muto diferente da adoptada por Melanie Klein. Bowlby não apresentou uma teoria da perversão enquanto tal, mas fez notar que um comportamento sexual inadequado se manifestava com frequência em casos caracterizados por relações de apego pouco satisfatórias, ou interrompidas e quebradas. A sexualidade perversa era assim vista como sintoma de uma lesão subjacente que afectara as relações de confiança e de segurança.

Nesta perspectiva, a perversão é considerada como uma forma distorcida de conseguir entrar em contacto com os outros. O apego é visto como uma necessidade tão intrínseca como a resultante de qualquer instinto, podendo de resto ser perfeitamente de origem pulsional, mas tendo por efeito que a criança dependa do meio exterior no que se refere ao desenvolvimento do seu "mundo interior" ou psique.

Tanto a teoria das relações de objecto como a teoria do apego exerceram, ao longo dos últimos cinquenta anos, uma forte influência sobre a psicanálise, e há analistas que, como Winnicott, extraíram elementos das duas tradições. Para a maior parte dos analistas contemporâneos, as perversões não podem ser explicadas exclusivamente nos termos da teoria das pulsões, como uma regressão a ou uma fixação em pulsões pré-genitais específicas e zonas erógenas ou fantasias – embora estes aspectos desempenhem sem dúvida um papel importante -, mas devem ser consideradas como possuindo um aspecto dinâmico importante que se refere em termos mais amplos à estrutura do eu.

Para Robert Stoller, a perversão é a "forma erótica da hostilidade", e este aspecto é, do seu ponto de vista, comum a todas as perversões. Os sintomas perversos são um produto da ansiedade e uma resposta a um ataque contra a identidade de género de alguém – contra a sua masculinidade ou feminilidade.

Embora a aquisição da sexualidade acarrete frustração e ansiedade, estas não são a mesma frustração e ansiedade que subjazem aos sintomas perversos. Se a agressão é uma resposta a um mau funcionamento específico do eu (virada para dentro como no masoquismo, ou para o exterior como agressão ou sadismo), quando esta defesa é investida pelas pulsões sexuais, sobretudo por pulsões parciais infantis regressivas, acaba por se tornar perversa. Assim, a violação é um acto de controle e de violência no qual acontece que são usados os órgãos sexuais, e não simplesmente um acto sexual com uma particular intensidade agressiva.

Nos seus minuciosos estudos de casos de transexualidade, travestismo e pornografia, Stoller refere as origens do comportamento perverso a um trauma que suscita a hostilidade e a exigência de uma vingança. A perversão é uma tomada de controle sobre, e uma vingança contra, o trauma original. Stoller analisa também a componente sexual dos actos criminosos, ainda quando os sintomas não são abertamente neuróticos – descrevendo o tratamento de uma mulher para quem o assalto por arrombamento se tornara um acto repetido e habitual, embora "o forçar e entrar" significassem no seu inconsciente a relação sexual, sem que ela disso tomasse conhecimento.

Stoller examina a natureza precária da masculinidade enquanto qualquer coisa que necessita de ser protegida. Tal pode ser a componente subjacente às perversões masculinas, que encontramos por exemplo no caso de um exibicionista homem repetidamente detido pela polícia. Stoller escreve:

> *Até mesmo quando é detido, continua peculiarmente sereno porque a detenção indica que é realmente possuidor de um pénis como deve ser, suficientemente poderoso para dar origem a uma perturbação da ordem social. Não nos surpreende assim descobrir que o grau das detenções por exibicionismo é superior ao que encontramos para qualquer outra perversão. E não devemos também estranhar que o exibicionista arranje maneira de se deixar apanhar mais facilmente do que qualquer outro tipo de pessoa perversa. O que ele ambiciona não é estar a salvo da polícia, mas a salvo do medo íntimo de não ser um homem como deve ser*[32].

Embora tenham existido culturas nas quais a homossexualidade era generalizada, admitida e "normativa", não é essa a norma psicológica; e embora haja culturas tribais que criam activamente uma agressividade extrema na identidade masculina, mantendo uma tradição de cultura guerreira, e que o fazem através da criação de ritos de passagem homossexuais sádicos, Stoller sustenta que não estamos então perante casos psicologicamente normais. A aceitação ou proibição social de configurações psíquicas específicas não governa o mecanismo psicológico da repressão e do desenvolvimento, mas permite-lhe simplesmente uma manifestação ou expressão particular.

AS DEFINIÇÕES PÓS-FREUDIANAS DA PERVERSÃO | 71

A análise que Stoller faz das racionalizações antropológicas e pseudo-científicas da tolerância relativamente às sexualidades perversas ou "variantes" é particularmente eloquente, e assinala que essa operação esquiva invariavelmente a importância da fantasia reduzindo a sexualidade ou à biologia ou ao comportamento social.

Há numerosas abordagens do tratamento psicanalítico do fetichismo, e entre elas conta-se o ensaio de Masud Khan intitulado "O Fetiche enquanto Negação do Si-próprio"[33], que esclarece e caracteriza as linhas da sua abordagem mais geral da perversão.

Ao situar o fetichismo no interior da sua teoria geral da perversão, Khan identifica as características nucleares da perversão combinando a concepção de Winnicott de desenvolvimento do eu e das actividades de reparação relativas ao seu meio levadas a cabo pela criança com todo um conjunto de contribuições teóricas pós-freudianas. Khan associa o fetiche àquilo a que Winnicott chama "fenómenos transicionais". O objecto transicional é a primeira tentativa de criar um símbolo de um não-eu; e recebe sentido através da experiência subjectiva que a criança dele faz como animado, em ligação com a sua textura ao tacto ou o seu cheiro. O objecto não é destruído nem rejeitado, mas perde simplesmente a sua importância à medida que vai deixando de ser necessário, ou quando as necessidades de apego passam a poder ser transformadas em relações com as outras pessoas. Se o fetiche tira parte do seu sentido dos objectos transicionais, isso autoriza-nos a identificar um *continuum* de relação entre as estruturas pré-edipianas e edipianas, e a ver a angústia de castração como uma recapitulação de anteriores angústias de separação.

Khan investiga a perversão nos termos da sua função como técnica de intimidade, alienação do si-próprio, forma de passagem ao acto e forma de idealização e idolatrização do si-próprio. Este último aspecto corresponde a uma internalização da experiência de si própria da criança enquanto "objecto subjectivo" idealizado da mãe no quadro da relação precoce criança-mãe.

Khan identifica uma relação patogénea com a mãe como factor comum em todas as perversões, e descreve a perversão como a tentativa por parte do eu de solucionar por meio de uma reparação a falha do meio verificada no seu desenvolvimento precoce. Descreve a sexualidade perversa como "foder por decisão em vez de foder por desejo", aspecto que refere à necessidade que a pessoa perversa tem de inserir uma técnica de intimidade entre si própria e uma experiência de entrega emocional.

O perverso não se relaciona com o outro num encontro intersubjectivo, mas com um cúmplice que é tratado como um objecto subjectivo e forçado a passar ao acto a cena da fantasia do perverso. A necessidade de forçar o objecto é uma manifestação da necessidade que a pessoa perversa tem de controlar e alienar, o que leva Khan a descrever a relação da perversão como sendo mais a de um "contrato" do que a de uma intersubjectividade. É uma relação repetitiva e imutável, e proporciona uma narrativa fantasmática (pré-genital) que é reencenada uma e outra vez. As pessoas perversas introduzem um objecto, fantasia, encenação dramática ou fetiche entre si próprias e o objecto do desejo.

Um outro psicanalista que alarga a teoria económica da perversão de Freud referindo-a a uma concepção mais ampla do desenvolvimento do eu é Heinz Kohut. Observa que uma dos aspectos interessantes que as pessoas que se entregam a actividades perversas descrevem é o da intensidade do prazer que experimentam, muito maior do que o da simples sexualidade genital e do orgasmo. Kohut pergunta-se por que razão tal acontece.

O que estou a sugerir é que as perversões requerem uma explicação em que sejam considerados aspectos mais vastos da personalidade. Há fenómenos psicológicos mais vastos que talvez seja possível definir tendo em conta o desenvolvimento pulsional, a fixação pulsional e a regressão pulsio-

> *nal, ainda que não deixando de considerar a intensidade da experiência edipiana e da regressão a partir dela operada em função de uma grave angústia de castração ou de conflitos ligados à ambivalência ... Não creio que a fraqueza do eu perante a pressão aditiva pré-genital ou a qualidade irresistivelmente intensa da experiência do prazer nos permitam explicar todos os aspectos*[34].

Kohut explicita que se refere a uma síndrome psicológica estruturada, mais do que à exploração lúdica de prazeres pré-genitais, e que as síndromes em causa aparecem muitas vezes como fazendo parte de uma série de outros sintomas, mais do que sob forma isolada. Escreve, portanto:

> *Cheguei à conclusão de que pelo menos certos conjuntos de sintomas perversos, ou síndromes, podem ser explicados ... como versões sexualizadas de carências estruturais. Por outras palavras, a carência estrutural a) explica a fraqueza particular perante a força pulsional e b) em menor medida explica também a intensidade da necessidade. E parece-me que numa adição ou numa perversão a intensidade da força pulsional não é explicada nem pela carência estrutural isoladamente nem apenas pela fixação e regressão pré-genitais, mas sim pela convergência dos dois factores. É a convergência do ganho de prazer sexual da pulsão parcial pré-genital*

AS DEFINIÇÕES PÓS-FREUDIANAS DA PERVERSÃO | 75

com a qualidade irresistível da necessidade de colmatar uma carência estrutural que torna a força tão intensa e tão irresistível[35].

A explicação de Kohut tem muito em comum com a abordagem winnicottiana que encontramos nos trabalhos de Khan, na medida em que as duas identificam uma função reparadora na acção perversa. Onde Khan vê a ternura característica da necessidade infantil, Kohut vê a fraqueza do eu imaturo que não é capaz de enfrentar as exigências da realidade nem assumir a função do eu der recalcar ou sublimar a pulsão pré-genital que dele emerge.

A definição de "carência estrutural" de Kohut não deixa de se assemelhar à teoria de Stoller que fala do trauma como de uma componente subjacente da perversão. Kohut apresenta o exemplo de um homem que foi incapaz de realizar uma identificação positiva com o pai, o que resultou numa vulnerabilidade do "equilíbrio narcísico" e na necessidade de substituir à intersubjectividade uma forma de relação fusional.

Stoller também identifica o trauma como uma das causas dos traços de vingança, hostilidade e risco que caracterizam o conjunto das perversões. Em seu entender, são especialmente os ataques dirigidos contra a identidade de género do sujeito, a sua masculinidade ou a sua feminilidade, que mais provavelmente darão origem à perversão no adulto.

Tanto Stoller como Kohut observam que as perversões são uma prática predominantemente masculina, e Stoller especula sobre a vulnerabilidade da identificação de género masculina, perguntando-se se os rapazes não estarão expostos mais provavelmente a ataques traumáticos contra a sua masculinidade durante a infância precoce.

Mais recentemente Estella Welldon, que trabalha na Portman Clinic de Londres, tendo-se especializado no tratamento da perversão, forneceu-nos também uma perspectiva sobre a génese de perversões especificamente femininas[36]. Uma vez que múltiplas teorias psicanalíticas concordam em identificar a prestação maternal recebida numa fase precoce da infância como causa da perversão, parece justificar-se a investigação das causas da prestação maternal patogénea. Welldon analisa a maternidade como um papel que pode ser de molde a fornecer às mulheres uma ocasião de passarem ao acto fantasias de poder, o que tem por resultado a utilização da criança como objecto materno. Welldon investiga também perversões femininas como a prostituição (enquanto perversão das relações sociais), e as possibilidades de tratamento e de reabilitação das prostitutas.

Tratamento

A questão do tratamento e cura da perversão é uma questão difícil. É bem sabido são muitos os casos em que as perversões não são causa de "sofrimento", e em que os sujeitos sentem, pelo contrário, que são os seus actos, pensamentos ou sentimentos o que os impede de sofrerem. Outros não têm a impressão de fazerem qualquer coisa fora do "normal" ou natural, ou não se dão conta dos modelos e rotinas repetitivas dos seus pensamentos e acções.

Uma vez que as práticas perversas são geralmente encenadas num quadro que inclui aquilo a que Khan chama um "cúmplice", o sujeito pode ter a impressão de que as faz de cooperação com outra pessoa e, portanto, no registo da intersubjectividade. Alguns têm o sentimento de que as suas acções lhes são permitidas devido a uma licença especial, na sua qualidade de membros de um grupo seleccionado e de elite, ou de que a sua sexualidade é uma forma superior à sexualidade corrente e "chata", orgulhando-se da técnica e métodos especiais que adoptam. Esta afirmação de superioridade pode ser um elemento da omnipotência infantil que alimenta as fantasias pré-genitais, ou parte do mecanismo de denegação que implica uma consciência da inferioridade da sexualidade infantil relativamente à potência plena do heterossexual adulto.

São muito poucas assim as pessoas que procuram tratamento psiquiátrico ou psicanalítico por perversão; esta é vivida mais como a solução do que como o problema. No entanto, são muitos os casos em que o sujeito experimenta vergonha, tem a impressão de ter um "segredo", e se sente enormemente sujo e culpado ou assustado sem saber porquê.

A teoria mostrou que existe alguma verdade psicológica nesta maneira de ver, uma vez que um sintoma perverso pode ser de facto uma defesa contra o medo de alguma coisa mais dolorosa ou assustadora, como o poderia ser o confronto consciente com as fantasias, emoções e recordações de traumas reprimidas e inconscientes. Stoller sugere que a perversão pode ser uma defesa contra a depressão psicótica.

As pessoas que procuram um tratamento psicanalítico confrontam-se invariavelmente com as suas próprias perversões durante a cura. Uma vez que a sexualidade infantil é, como o próprio inconsciente, universal, a fantasia perversa nunca deixa de emergir quando alguém descobre o seu complexo de Édipo e outros marcos miliares do desenvolvimento. A psicanalista francesa Julia Kristeva sugeriu que a perversão é o reverso da universalidade[37]. A psicanálise é uma viagem "rica e estranha", mas continua a ser a melhor maneira de aprendermos um pouco mais sobre a perversão.

Certas pessoas são por vezes detidas pela polícia por se entregarem a actividades perversas que são anti-sociais, criminosas, ou que foram testemunhadas ou denunciadas por outros. Em tais casos, algumas delas poderão receber apoio psiquiátrico e psicanalítico na prisão, ser reencaminhadas para centros de reintegração e recuperação, ou enviadas para tratamento em hospitais psiquiátricos; podem obter o auxílio dos supervisores de um regime de liberdade condicional, de assistentes sociais e psicoterapeutas. Arthur Hyatt-Williams e Robert Stoller proporcionam-nos relatos muito elucidativos acerca do trabalho realizado em contextos semelhantes. Há problemas específicos que se referem à forma de tratamento, ao nível e ao *timing* das interpretações, à determinação do ritmo a que os pensamentos e sentimentos inconscientes poderão ser integrados na consciência. Kohut sugere que uma referência demasiado rápida aos aspectos sexuais poderá suscitar uma resposta sexualizada no quadro do tratamento, que mascarará e adiará a tomada de consciência do trauma que tem na sexualização o seu sintoma.

Em Londres, é oferecido tratamento especializado das perversões nas clínicas Portman e Tavistock, no quadro dos cuidados assegurados pela Health Authority local do National Health Service. Há também psiquiatras e psicanalistas que prestam serviço nos hospitais para os quais os interessados são enviados. As necessidades de tratamento são hoje maiores do que a capacidade dos serviços disponíveis, mas trata-se aqui de um problema dos aparelhos jurídico-discursivo e estatal, ligado também ao estatuto ambíguo da psicanálise no campo das ciências médicas.

Conclusão

Em 1938, no seu *Compêndio de Psicanálise*[38], Freud modificou consideravelmente a sua teoria das pulsões. Embora continuasse a pensar que Eros e Thanatos – as pulsões de morte e destruição – eram as forças primárias em acção no isso, já não as considerava tão separadas como no passado pensara.

> *Ao nível do funcionamento biológico, as duas pulsões fundamentais operam uma contra a outra ou combinam-se uma com a outra. Assim o acto de comer é uma destruição do objecto tendo por fim último incorporá-lo, e o acto sexual é um acto de agressão que visa a união mais íntima*[39].

Se a sexualidade e o apetite são fusões de Eros e Thanatos, se a sedução é uma agressão, o que é, então, o amor? [40]

Notas

[1] R. Stoller, *Perversion: the Erotic Form of Hatred*, Londres, Karnac Books, 1986, p. ix.

[2] M. Foucault, *History of Sexuality*, Harmondsworth, Penguin Books, 1981, p. 105.

[3] S. Freud, *Five Lectures on Psycho-Analysis* (1910), in *Standard Edition of the Complete Psychological Works of Sigmund Freud* (doravante citado como *SE*), vol. XI, Londres, Hogarth Press, 1978.

[4] *Ibid.*, p. 41.

[5] S. Freud, *Three Essays on the Theory of Sexuality* (1905), in *SE*, vol. VII, Londres, Hogarth Press, 1978, pp. 125-248.

[6] S. Freud, *Five Lectures...*, *SE*, vol. XI, p. 42.

[7] W. H. Auden, "A Certain World", in *A Commonplace Book*, Londres, Faber and Faber, 1970. p. 134.

[8] S. Freud, *Five Lectures...*, *SE*, vol. XI, p. 45.

[9] E. Jones, "The Madonna's Conception Through the Ear, A Contribution to the Relation between Aesthetics and Religion" (1914), in *Essays in Applied Psycho Analysis*, Nova York, Hillstone, 1974, p. 267.

[10] *Ibid.*, p. 292.

[11] R. Stoller, *Perversion*, p. 55.

[12] S. Freud, "An Outline of Psycho-Analysis", in *SE*, vol. XXIII, p. 278.

[13] E. Jones, "The Madonna's Conception".

[14] S. Freud, "An Outline of Psycho-Analysis", *SE*, vol. XXIII, p. 278.

[15] Cf. *Harry Potter and the Philosopher's Stone*, primeiro da série de livros de grande sucesso de J. K. Rowling, editados pela Bloomsbury Publishing.

[16] D. Winnicott, "The Manic Defence", texto lido na British Psycho-Analytical Society, a 4 de Dezembro de 1935, e posteriormente editado em *From Paediatrics to Psycho-Analysis*, Londres, Hogarth Press, 1987.

[17] S. Freud, "Fetishism" (1927), in *SE*, vol. XXI, Londres, Hogarth Press, 1978, pp. 149-158.

[18] S. Freud, "The Splitting of the Ego in the Processes of Defence" (1938), in *SE*, vol. XXIII, Londres, Hogarth Press, 1978.

[19] *Ibid.*

[20] C. Metz, *The Imaginary Signifier: Psychoanalysis and Cinema* (trad. inglesa), Londres, Macmillan, 1982.

[21] *Ibid.*, p. 69.

[22] L. Mulvey, "Visual Pleasure and Narrative Cinema", in *Screen*, vol. 16, nº 3, Londres, Society for Education in Film and Television, Outono de 1975, pp. 6-18.

[23] ??

[24] C. Metz, *The Imaginary Signifier*, p. 77.

[25] *Ibid.*

[26] S. Freud, *Five Lectures*, in *SE*, vol. XI, p. 44.

[27] *Ibid.*, p. 46.

[28] S. Freud, *Three Essays*, in *SE*, vol. VII, p. 191.

[29] S. Freud, "The Splitting of the Ego", in *SE*, vol. XXIII.

[30] R. D. Hinshelwood, *A Dictionary of Kleinian Thought*, Londres, Free Association Books, 1991, p. 389.

[31] A. Hyatt-Williams, *Cruelty, Violence, and Murder*, Londres, Karnac Books, 1998.

[32] R. Stoller, *Perversion*, p. 131.

[33] M. Khan, "Fetish as Negation of the Self", in *Alienation in Perversions*, Londres, Hogarth Press, 1979, pp. 139-176.

[34] H. Kohut, *Lecture 1: Perversions* (7 de Janeiro de 1972), Chicago Institute Lectures Forum Preface, ed. por Paul Tolpin e Marian Tolpin (cortesia da Analytic Press), extraído da página *Self-Psychology* em www.selfpsychology.org./

[35] *Ibid.*

[36] E. Welldon, *Mother, Madonna, Whore: The Idealisation and Denigration of Motherhood*, Londres, Free Association Books, 1988.

[37] J. Kristeva, *Strangers to Ourselves*, Nova York, Columbia University Press, 1991, p. 191.

[38] S. Freud, "An Outline of Psycho-Analysis", in *SE*, vol. XXIII, p. 149.

[39] *Ibid.*

[40] "As menos chocantes de entre as chamadas perversões sexuais encontram-se amplamente difundidas no conjunto da população, como toda a gente sabe excepto os autores médicos que tratam do assunto. Ou, talvez eu devesse antes dizer, também eles o sabem; simplesmente tomam o cuidado de o esquecer no momento em que pegam na caneta para escrever a esse respeito". Cf. S. Freud, "Fragment of An Analysis of a Case of Hysteria", in *SE*, vol. VII, p. 51.

Termos Fundamentais

Aberrante: os termos de sexualidade "aberrante" e "desviante" têm origem na sexologia e conotam uma neutralização da questão do afastamento da norma, uma vez que a diferença observada na sexualidade em causa não é referida a motivações psicológicas. São descrições que omitem (ou, se se quiser, amputam) a dimensão decisiva da fantasia enquanto componente motivacional da sexualidade.

Apego (Teoria do): teoria desenvolvida por John Bowlby, sustentando que as crianças humanas, como outros primatas, têm necessidade instintiva e psicológica de uma relação de dependência associada a uma figura prestadora de cuidados primária.

Bifásica (Sexualidade): descreve o facto de os seres humanos, enquanto espécie, se distinguem por uma sexualidade que se desenvolve segundo dois estádios: desenvolvimento libidinal infantil, e maturidade biológica.

Diádicas (Oposições): trata-se de uma simplificação conceptual imposta à experiência de uma realidade eemocional complexa. A utilização defensiva da clivagem opõe dois termos cuja "conexão" é substituída por uma "oposição".

Instinto epistemofílico: refere-se à necessidade de saber e à sua expressão no desejo de descobrir, ou curiosidade.

Genitalidade: etapa final do desenvolvimento da sexualidade humana, que se segue à puberdade e à adolescência, e na qual os objectos parciais infantis se tornam componentes dos preliminares e do prazer sexual amorosos.

Idealização: processo mental de defesa que reduz uma pessoa a uma representação mental simplificada a fim de pôr o sujeito ao abrigo da ansiedade ligada à ambivalência.

Infantil (Sexualidade): teoria das primeiras fases do desenvolvimento libidinal organizado em torno de órgãos não-reprodutivos do corpo da criança. Esta sexualidade infantil é reprimida com a dissolução do complexo de Édipo, passando a existir sob forma inconsciente, na idade adulta.

Instituições jurídico-discursivas: conceito elaborado pelo estruturalista francês Michel Foucault para descrever a inter-relação entre a ideologia, a política e o direito.

Libido: conceito de Freud que designa a representação mental da energia das pulsões sexuais.

Unidade narcísica: estrutura psicológica que corresponde a relações de apego infantis bem sucedidas. Permanece no inconsciiente sob forma de traços do passado.

Objecto: uma das quatro componentes da pulsão (sendo as outras três fonte, intensidade e alvo). Na sexualidade infantil, o objecto é geralmente um aspecto de uma pessoa (da própria criança ou dos seus progenitores), coisa ou fantasia. Na genitalidade adulta, o objecto refere-se à pessoa completa.

Teoria das relações de objecto: teoria de Sigmund Freud segundo a qual todas as pulsões têm um objecto. Esta teoria foi desenvolvida enquanto aspecto da máxima importância no terreno da psicologia por Fairbairn, Melanie Klein e outros autores.

Complexo de Édipo: teoria freudiana da relação de objecto na sexualidade infantil.

Ontogénese: processo de desenvolvimento do indivíduo, associado ao desenvolvimento filogenético da espécie.

Fálico (monismo): teoria em cujos termos a sexualidade infantil inclui a crença em que todos os adultos têm um pénis enquanto órgão executivo do complexo de Édipo.

Projecção: defesa contra o conflito ou sofrimento psíquico que implica a denegação do reconhecimento de um aspecto inaceitável da mente do sujeito e a atribuição desse aspecto a um outro objecto ou pessoa.

Reparação (necessidade de): necessidade psicológica de reparar uma representação mental de uma pessoa que foi objecto de um ataque movido por desejos sexuais hostis. Encontra-se uma abordagem destas necessidades nos parágrafos "Quais as Causas da Perversão" (pp. 47-50 [do original]) e "Definições Pós-freudianas da Perversão" (pp. 50-62 [do original]).

Somático: o que é do soma, ou corpo, por contraposição ao psiquismo, ou mente.

Clivagem: defesa psicológica que acarreta o corte das conexões mentais que ligam duas representações. Quando a conexão das representações cria demasiada ansiedade ou sofrimento, a clivagem pode ser portadora de alívio temporário. Esta defesa implica em geral o recurso a outras, como a projecção, a (de)negação e o recalcamento ou repressão.

Sublimação: a transformação da energia das pulsões infantis perversas, que se orientam para um objecto diferente, socialmente valorizado. A sublimação é a base da arte e da cultura.

Desviante: cf. Aberrante

Agradecimentos

Estou muito grato a Ian Ward e à Icon Books pelo convite a que escrevesse sobre a perversão que me fizeram; agradeço também a Ian a generosidade que acompanha a sua extraordinária capacidade de pensar. Obrigado também a Barry, Aldo e Theo que me concederam tempo para trabalhar, e obrigado a Rose Edgcumbe que me concedeu espaço para pensar.

Bibliografia

Foucault, M., *History of Sexuality,* Harmondsworth, Penguin Books, 1981.

Freud, S., *Three Essays on the Theory of Sexuality* (1905), in *Standard Edition of the Complete Psychological Works of Sigmund Freud* (hereafter *SE),* vol. 7, London, Hogarth Press, 1978.

Freud, S., *Five Lectures on Psycho-Analysis* (1910), in *SE,* vol. 11, London, Hogarth Press, 1978.

Freud, S., "Fetishism" (1927), in *SE*, vol. 21, London, Hogarth Press, 1978.

Freud, S., "An Outline of Psycho-Analysis" (1938), in *SE,* vol. 23, London, Hogarth Press, 1978.

Freud, S., "The Splitting of the Ego in the Processes of Defence" (1938), in *SE*, vol. 23, London, Hogarth Press, 1978.

Hinshelwood, R. D., *A Dictionary of Kleinian Thought,* London, Free Association Books, 1991.

Hyatt-Williams, A., *Cruelty, Violence and Murder,* London, Karnac Books, 1998.

Jones, E., "The Madonna's Conception Through the Ear, A Contribution to the Relation between Aesthetics and

Religion" (1914), in *Essays in Applied Psycho Analysis,* New York, Hillstone, 1974.

KHAN, M., "Fetish as Negation of the Self", in *Alienation in Perversions,* London, Hogarth Press, 1979.

KRISTEVA, J., *Strangers to Ourselves,* New York, Columbia University Press, 1991.

METZ, C., *The Imaginary Signifier, Psychoanalysis and Cinema,* London, Macmillan, 1982.

STOLLER, R., *Perversion, the Erotic Form of Hatred,* London, Karnac Books, 1986.

WELLDON, E., *Mother, Madonna, Whore: The Idealisation and Denigration of Motherhood,* London, Free Association Books, 1988.

Contactos úteis

The Abraham A. Brill Library
    http://plaza.interport.net/nypsan

The American Psychoanalytical Association
    http://apsa.org/index.htm

American Psychoanalytic Foundation
    http://www.cyberpsych.org/apf/

The Anna Freud Centre
    http://www.annafreudcentre.org

The British Psychoanalytical Society
    http://www.psychoanalysis.org.uk

Columbia Psychoanalytic Center
    http://ColumbiaPsychoanalytic.org

Current Topics in Psychology: Internet Resources
    http://www.tiac.net/biz/drmike/Current.shtml

Essex University Centre for Psychoanalytic Studies
    http://www.essex.ac.uk/cenres/psycho

European Federation of Psychoanalytic Psychotherapy (EFPP)
    http://www.efpp.org

Free Association Books (Publisher: Psychoanalysis
& Related Topics)
    http://www.fa-b.com

The Freud Museum, London
    http://www.freud.org.uk

The International Association for the History of Psychoanalysis
    http://www.magic.fr/aihp/Default.htm

The International Psychoanalytical Association (IPA)
    http://www.ipa.org.uk

KarnacBooks (Bookseller/Publisher: Psychoanalysis
&Related Topics)
    http://www.karnacbooks.com

Melanie Klein Trust
    http://www.melanie-klein-trust.org.uk

The National Psychological Association
for Psychoanalysis (NPAP)
    http://www.npap.org

New York Freudian Society and Institute
   http://www.nyfreudian.org

Psiconet
   http://www.psiconet.com

Psychoanalysis: Sources on the Internet (1)
   http://www.mii.kurume-u.ac.jp/~leuers/Freud.htm

Psychoanalysis: Sources on the Internet (2)
   http://www.emory.edu/INSITE/

The Psychoanalytic Connection
   http://www.infohouse.coni/psacnct/indbib.html

The Sigmund Freud-Museum Vienna
   http://freud.t0.or.at

The Tavistock Centre
   http://www.tavi-port.org

United Kingdom Council for Psychotherapy
   http://www.psychotherapy.org.uk

Índice

Perversão	5
A Primeira Teoria da Perversão de Freud	15
O Desmame com Dinossauros	21
O Excrementício e o Sublime	27
A Fase do Pavonear e do Amar	31
Saber e Não-Saber: as Teorias Sexuais Infantis	37
Sobre o Ver como Saber	41
Um Exemplo Cultural: o Fetichismo e a Sala de Cinema, o Teatro de Sombras	47
Quais São as Causas da Perversão?	59
As Definições Pós-Freudianas da Perversão	63
Tratamento	77
Conclusão	81
Notas	83
Termos Fundamentais	87
Agradecimentos	91
Bibliografia	93
Contactos úteis	95
Índice	99